Spaghetti Risotto & Tortellini

Vorsatz vorne: Maccheroniverkäufer in Neapel gegen Ende des 19. Jahrhunderts.
Vorsatz hinten: Ein Straßenbild von Torre Annunziata gegen Ende des 19. Jahrhunderts. Maccheroni oder Vermicelli sind inmitten der Straße auf Holzböcken zum Trocknen in der Sonne aufgestellt.

Dem Pastificio Agnesi SpA, Imperia, wird für die bereitwillige Überlassung der historischen Abbildungen aus dem „Museo Storico degli Spaghetti, Pontedassio" herzlich gedankt.

1991

Gesamtherstellung: ATHESIADRUCK, Bozen
ISBN 88-7014-506-9

Christoph Mayr

Spaghetti Risotto & Tortellini

Italienische Vorspeisen

Vierte Auflage

VERLAGSANSTALT ATHESIA - BOZEN

Rezepte *mit Gemüse und Käse*

Spaghetti al pomodoro

Spaghetti mit Tomatensauce

400 g Spaghetti – 500 g reife, nicht zu weiche Tomaten – 5 Basilikumblätter – 3 Löffel Olivenöl – Salz

- Tomaten mit heißem Wasser überbrühen, enthäuten, Samen entfernen und in Würfel schneiden
- Basilikumblätter mit der Hand in kleine Stückchen zerteilen
- Tomaten mit einem Löffel Öl fünf Minuten kochen, salzen
- durch ein Sieb passieren
- wieder in die Pfanne geben, mit dem restlichen Öl und dem Basilikum noch zwei Minuten bei kleiner Flamme kochen lassen, bis die Sauce eingedickt ist
- Sauce auf die inzwischen gekochten Nudeln geben und geriebenen Parmesankäse separat dazureichen

Dieses Basisrezept hat zu unzähligen Variationen geführt, bleibt aber in seiner Einfachheit und seinem Wohlgeschmack unübertroffen.

Maltagliati con piselli e pomodori freschi

Nudeln mit Erbsen und frischen Tomaten

400 g Maltagliati – 300 g frische Erbsen – 2 reife Tomaten – 1 Zwiebel – 1 Knoblauchzehe – 50 g Butter – 1 Eßlöffel Olivenöl – 50 g Parmesankäse – Fleischbrühe – Salz – Pfeffer

- Tomaten überbrühen, enthäuten, entkernen, in kleine Würfel schneiden;
- Erbsen auslösen, Zwiebel kleinhacken
- Zwiebel und Knoblauch in der Butter leicht anrösten
- Erbsen dazugeben, mit ganz wenig Brühe aufgießen
- salzen und mit frischgemahlenem Pfeffer würzen
- zugedeckt langsam kochen lassen
- Nudeln halbgar kochen, abseihen, zu den Erbsen geben und fertig kochen lassen
- wenn nötig, mit einem weiteren Löffel Fleischbrühe aufgießen
- mit einem Häubchen roher Tomaten servieren

Strozzapreti con salsa di pomodoro

Strozzapreti mit Tomatensauce

Strozzapreti

500 g Weizenmehl – 2 Eier – Salz

Sauce

400 g reife Tomaten – 4 Eßlöffel Rahm (Sahne) – 1 Stückchen Pfefferschote – 50 g Parmesankäse – Petersilie – 1 Knoblauchzehe – 3 Eßlöffel Olivenöl – Salz

Strozzapreti

- im Mehl eine Mulde machen, Eier und ein wenig lauwarmes Salzwasser hineingeben und mit den Händen kneten
- nach und nach so viel Salzwasser dazugießen, bis man einen gleichmäßigen Teig erhält
- auswalken, bis er eine Dicke von 0,5 cm erhält; in Stückchen schneiden und zu etwa 10 cm langen dünnen Würstchen rollen, leicht mit Mehl bestäuben, damit sie nicht aneinanderkleben
- in siedendem Salzwasser 2–3 Minuten kochen

Sauce

- Tomaten überbrühen, enthäuten, entkernen, passieren
- zerquetschte Knoblauchzehe im heißen Olivenöl andünsten, dann entfernen
- Tomaten, feingehackte Petersilie und zerriebene Pfefferschote dazugeben; etwas salzen, verrühren und etwa 10 Minuten langsam einkochen lassen
- Sahne eingießen, 2–3 Minuten erwärmen, dann Parmesankäse dazugeben
- Strozzapreti mit der Sauce servieren

Salt

Spaghetti alla trapanese
Spaghetti nach Trapani-Art

400 g Spaghetti – 1 kg reife Tomaten – einige Blätter Basilikum – 2 Knoblauchzehen – 1 Glas Olivenöl – sizilianischer Schafskäse – Salz – Pfeffer

- Tomaten überbrühen, enthäuten, Samen und Saft entfernen, kleinhacken
- Knoblauchzehen in kleine Stückchen schneiden
- Basilikumblätter mit der Hand zerpflücken
- alles mit dem Öl gut vermengen, würzen und mit den inzwischen gekochten Nudeln servieren

Diese einfach zuzubereitende „rohe" Sauce bildet besonders in der heißen Jahreszeit ein schmackhaftes und erfrischendes Gericht.

Fusilli con le melanzane
Fusilli mit Auberginen

400 g Fusilli – 2 Auberginen – 400 g reife Tomaten – 1 Eßlöffel Kapern – 50 g schwarze Oliven – 1 Knoblauchzehe – 50 g Pecorino-Käse – 3 Eßlöffel Olivenöl – Salz – Pfeffer

- Auberginen in kleine Würfel schneiden, waschen und gut abrinnen lassen
- Tomaten überbrühen, enthäuten, Samen entfernen, in Würfel schneiden und durch ein Sieb passieren
- Oliven entkernen, halbieren
- Knoblauch im Olivenöl anrösten
- Tomaten dazugeben, würzen, etwa zehn Minuten kochen lassen
- gleichzeitig in einer anderen Pfanne die Auberginen in Öl anbraten
- Auberginen mit der Tomatensauce vermengen und wenige Minuten auf kleiner Flamme kochen lassen
- zum Schluß Kapern und Oliven dazugeben
- mit den Nudeln gut vermischen, den Käse darüberstreuen und servieren

Spaghetti alla Norma
Spaghetti mit Auberginen

400 g Spaghetti – 400 g reife Tomaten – 2 Auberginen – 1 kleine Zwiebel – 1 Knoblauchzehe – Basilikumblätter – Pecorino-Käse – 1 Stückchen Pfefferschote – 3 Eßlöffel Olivenöl – Salz

- Auberginen in dünne Scheiben schneiden, salzen und abrinnen lassen; Tomaten überbrühen, schälen, Samen entfernen, passieren; Zwiebel kleinhacken
- Zwiebel und Knoblauchzehe im Olivenöl goldgelb anbraten
- Tomaten, zerpflückte Basilikumblätter dazugeben
- salzen, zerriebene Pfefferschote untermischen und 15 Minuten langsam einkochen lassen
- Auberginenscheiben abtrocknen, im kochenden Olivenöl goldbraun anbraten
- auf Haushaltspapier abtropfen lassen, salzen, pfeffern
- inzwischen gekochte Nudeln mit der Sauce und den Auberginen anrichten

Bavette alle erbe aromatiche

Nudeln mit Gewürzkräutern

400 g Bavette – 1 kleinere Zwiebel – 1 Knoblauchzehe – 8 Rosmarinnadeln – 5 Blätter Basilikum – 1 kleines, frisches Lorbeerblatt – 1 Teelöffel Origano – 3 Blätter Minze – 3 Blätter Salbei – 1 Glas Weißwein – 3 Eßlöffel Olivenöl – Parmesankäse – Salz – Pfeffer

- Kräuter sauber waschen, Stengel entfernen, feinhacken
- Zwiebel kleinhacken
- Zwiebel und mit der Gabel zerdrückten Knoblauch im Öl hell anrösten, letzteren wieder entfernen
- Kräuter dazugeben, gut verrühren
- mit Wein löschen
- würzen, etwa 15 Minuten schmoren lassen
- mit den inzwischen gekochten Nudeln vermengen und den geriebenen Käse separat dazureichen

Spaghetti al pesto

400 g Spaghetti oder Eiernudeln – 60 g frische Basilikumblätter vom Kraut, das Knospen, aber noch keine Blüten hat – 2 Knoblauchzehen – 50 g Parmesankäse – 50 g Pecorino-Käse – 1 Glas Olivenöl – 1 Eßlöffel Pinienkerne – Salz – Pfeffer – 1 Prise Majoran

- Basilikumblätter waschen und vorsichtig abtrocknen
- Pinienkerne im Rohr leicht anrösten
- Basilikumblätter, Pinienkerne, Knoblauch mit je einer Prise Salz, Pfeffer und Majoran im Mörser oder im Mixer zerstoßen
- Olivenöl, Parmesan- und Pecorino-Käse langsam beimengen und die Mischung zu einem feinen Brei verarbeiten
- Nudeln „al dente" kochen, mit dem Pesto vermengen und in vorgewärmten Tellern servieren

Linguine alla salsa di sedano
Nudeln mit Selleriesauce

400 g Linguine – 250 g Sellerieherzen – 1 Glas Milch – 1 Eßlöffel Rahm (Sahne) – 50 g Butter – 1 Eßlöffel Mehl – Muskatnuß – Salz – Pfeffer

- Sellerie kochen und passieren
- Butter zergehen lassen, Mehl einrühren
- Selleriepurree dazugeben, salzen, mit Muskatnuß würzen
- Milch aufgießen und langsam einkochen lassen
- vor Kochende Rahm darunterrühren
- Nudeln in der Sauce schwenken und mit frischgemahlenem Pfeffer bestreuen

Farfalle con i peperoni
Nudeln mit Paprikaschoten

400 g Farfalle – 1 rote und 1 gelbe Paprikaschote – 2 reife Tomaten – 1 Knoblauchzehe – 100 g schwarze Oliven – 1 Teelöffel Kapern – Petersilie – 50 g Parmesankäse – 4 Eßlöffel Olivenöl – Salz

- Tomaten überbrühen, enthäuten, Kerne entfernen, passieren
- Samen und Rippen der Paprikaschoten entfernen, waschen, auf der heißen Herdplatte anbräunen, in Stückchen schneiden
- Oliven entkernen, in Stückchen schneiden; Kapern waschen und ausdrücken
- Öl, zerdrückte Knoblauchzehe, Oliven, Kapern und Tomatenpüree kalt aufstellen
- langsam schmoren lassen, nach 10 Minuten Paprikaschoten dazugeben, salzen und etwa 30 Minuten zugedeckt kochen
- kurz vor Kochende Petersilie untermischen, die Sauce mit den inzwischen gekochten Nudeln vermengen und mit frischgeriebenem Parmesankäse servieren

Spaghetti alla garganese
Spaghetti nach Gargano-Art

400 g Spaghetti – 400 g reife Tomaten – 250 g Stangensellerie, möglichst Herzstücke – 3 Knoblauchzehen – Origano – Olivenöl – Salz – Pfeffer

- Tomaten überbrühen, enthäuten, Samen entfernen und in kleine Würfel schneiden
- Selleriestangen entblättern
- Knoblauchzehen im warmen Olivenöl goldigbraun anrösten, dann entfernen
- Tomatenstücke daruntermengen, salzen, pfeffern, mit Origano und Sellerieblättern abschmecken
- 10 bis 15 Minuten kochen und sehr gut unter die Nudeln mischen

Fusilli con punte d'asparagi
Fusilli mit Spargelspitzen

400 g Fusilli – 1 kg grüne Spargeln – 400 g Tomaten – Olivenöl – Salz – Pfeffer

- Spargeln putzen und in Salzwasser kurze Zeit, stehend mit Köpfen, oben, kochen (Spargelwasser beiseite stellen); grüne Köpfe abschneiden, weiße, weiche Spargelteile passieren
- Tomaten überbrühen, enthäuten, Samen entfernen, kleinhacken
- die Spargelspitzen (die restlichen Teile können für einen anderen Zweck verwendet werden) ins nicht zu heiße Öl geben und die Tomaten sogleich nachreichen, würzen und einige Minuten bei kleiner Flamme kochen lassen
- mit den inzwischen gargekochten Nudeln vermischen und eventuell mit geriebenem Käse servieren

Bavette con la crema d'asparagi
Bavette mit Spargelcreme

400 g Bavette – 1 kg Spargeln – 3 Eigelb – 1 kleine Zwiebel – 1 kleines Büschel Petersilie – Parmesankäse – 3 Eßlöffel Olivenöl – Salz – Pfeffer

- Zwiebel und Petersilie feinhacken
- Spargeln putzen, im Salzwasser stehend kochen, Spargelköpfe abschneiden
- Zwiebel ins heiße Öl geben, nicht bräunen
- Spargelspitzen dazugeben und kurze Zeit schmoren lassen
- vom Feuer nehmen und das Eigelb vorsichtig darunterrühren
- mit Salz, Pfeffer und Parmesankäse abschmecken
- Sauce auf die inzwischen gekochten Nudeln geben und die Petersilie darüberstreuen

Tagliatelle alle olive
Bandnudeln mit grünen Oliven

400 g Bandnudeln – 15–20 grüne Oliven – 1 gehäufter Eßlöffel Kapern – 1 schwacher Eßlöffel frischer grüner Pfeffer – 1 Büschel Petersilie – 2 Eßlöffel Olivenöl – 50 g Pecorino-Käse

- Oliven, Kapern und grünen Pfeffer mittelgroß zerkleinern
- in eine Schüssel geben, feingehackte Petersilie dazugeben, gut verrühren
- Bandnudeln „al dente" kochen, abseihen
- gehacktes Grünzeug auf die Nudeln geben, mit Olivenöl und Pecorino-Käse anrichten

Pappardelle alla rucola
Pappardelle mit Rauke

400 g Pappardelle – 2 Handvoll Rauke – 100 g Fontina-Käse – ½ Glas Milch – Salz – Pfeffer

- Rauke gut waschen und grob hacken; Käse in Stückchen schneiden
- Käse in der Milch etwas aufweichen, dann unter ständigem Rühren im Wasserbad erwärmen
- Rauke untermischen – salzen und vom Feuer nehmen
- Nudeln mit der Sauce vermengen und frischgemahlenen Pfeffer darüberstreuen

Ditalini all'ortolana

Nudeln nach Gärtnerinnen-Art

400 g Ditalini – 500 g reife Tomaten – 80 g Bauchspeck – 100 g Bohnen – 1 Karotte – 1 Zucchino – 1 Zwiebel – 1 Knoblauchzehe – 3 Blätter Basilikum – 100 g Rahm (Sahne) – 1 Stückchen Pfefferschote – 60 g Butter – 50 g Pecorino-Käse – Salz

- Tomaten überbrühen, schälen, entkernen, passieren; Zwiebel und Knoblauch feinhacken; Zucchino und Karotte kleinschneiden; Bauchspeck in kleine, feine Streifen schneiden
- Bauchspeck, Zwiebel und Knoblauch in der Butter leicht anbräunen
- Bohnen, Zucchini und Karotten dazugeben und etwas mitbraten lassen
- Tomaten und Basilikum beimengen, salzen, mit zerriebener Pfefferschote würzen und etwa 1 Stunde kochen lassen; wenn nötig, etwas aufgießen
- Bei Kochende Rahm unterrühren, gekochte Nudeln mit der Sauce und frischgeriebenem Pecorino-Käse servieren

Spaghetti aglio, olio e peperoncino

Spaghetti mit Knoblauch, Öl und Pfefferschote

400 g Spaghetti – 3 Knoblauchzehen – 1 Pfefferschote (peperoncino) – 5 Eßlöffel Olivenöl – Petersilie – Salz

- Knoblauch und Petersilie kleinhacken
- Knoblauch und die zerriebene Pfefferschote im Öl gelblich anrösten
- salzen und die Petersilie darüberstreuen
- mit den inzwischen gekochten Spaghetti vermischen und sogleich servieren

Damit der feine Geschmack optimal zur Geltung kommt, sollte man darauf achten, daß die Sauce und die Nudeln zur gleichen Zeit fertig sind.

Spaghetti con fiori di zucca
Spaghetti mit Kürbisblüten

400 g Spaghetti – 12 mittlere Kürbisblüten – 1 Büschel Petersilie – 3 Salbeiblätter – 100 g Butter – 50 g Parmesankäse – Salz – schwarzer Pfeffer

- Kürbisblüten waschen, abtrocknen, Stengel und Blütenansatz entfernen, in schmale Streifen schneiden
- Petersilie ganz fein aushacken
- Hälfte der Butter zergehen lassen, Kürbisblüten dazugeben, ein bißchen salzen, einige Minuten knusprig braten
- restliche Butter in einer anderen Pfanne ebenfalls zergehen lassen, Salbeiblätter und Petersilie anrösten
- gekochte Nudeln in der Pfanne der Salbeiblätter schwenken
- mit den Kürbisblüten servieren und mit frischgemahlenem Pfeffer bestreuen

Paglia e fieno ai gallinacci
Bandnudeln mit Pfifferlingen

400 g grüne und gelbe Bandnudeln – 400 g Pfifferlinge (Eierschwämme) – ½ Zwiebel – 1 Knoblauchzehe – ½ Glas Weißwein – 1 Büschel Petersilie – 1 Tasse Fleischbrühe – 50 g Butter – Salz – Pfeffer

- Pfifferlinge putzen, waschen und aufschneiden; Zwiebel, Petersilie und Knoblauchzehe feinhacken
- Zwiebel und Knoblauch goldgelb dünsten
- Pfifferlinge dazugeben und den austretenden Saft etwa 10 Minuten lang einkochen lassen; Weißwein aufgießen und verdampfen lassen
- salzen, mit frischgemahlenem Pfeffer würzen, etwas Brühe aufgießen und weitere 10 Minuten dünsten
- kurz vor Kochende Petersilie daruntermischen

Pappardelle con i porcini freschi
Breite Eiernudeln mit Steinpilzen

400 g Pappardelle – 400 g kleine Steinpilze – ½ Zwiebel – ½ Knoblauchzehe – 1 Büschel Petersilie – Fleischbrühe – 100 g Rahm (Sahne) – 40 g Butter – Salz – Pfeffer

- Pilze putzen, waschen, in Scheiben schneiden
- feingehackte Zwiebel und Knoblauch in der Butter goldgelb anrösten
- Pilze dazugeben
- salzen, pfeffern, mit etwas Brühe aufgießen und 20 Minuten langsam dünsten
- kurz vor Kochende Rahm und feingehackte Petersilie untermischen
- Nudeln in der Sauce schwenken und mit den Pilzen belegen

Farfalle con funghi e broccoli
Farfalle mit Pilzen und Broccoli

400 g Farfalle – 250 g frische Pilze – 200 g Broccoli – 1 kleinere Zwiebel – 1 Löffel Kapern – 1 Knoblauchzehe – 40 g Butter – 1 kleines Büschel Petersilie – Salz – Pfeffer

- Pilze säubern und in Scheiben schneiden
- Broccoli waschen und zerkleinern
- Zwiebel kleinhacken
- Zwiebel und Knoblauchzehe im Butter goldgelb anrösten
- Knoblauch entfernen, Pilze und etwas später Broccoli dazugeben
- würzen, etwa 20 Minuten schmoren lassen
- gegen Ende die Kapern und die Petersilie daruntermischen
- fertige Sauce mit den inzwischen gekochten Nudeln vermengen

Ditalini ai 4 formaggi
Ditalini mit 4 Käsesorten

300 g Ditalini – 50 g Gorgonzola – 50 g Emmentaler – 50 g Fontina – 50 g Mozzarella – 50 g Butter – 1 Glas Milch – 1 halber Löffel Mehl – geriebener Parmesankäse – Salz – Pfeffer

- Käse in kleine Stückchen schneiden
- Milch kochen, Butter und Mehl einrühren und ins Wasserbad stellen
- Käsestückchen unter ständigem Rühren cremig auflösen
- gekochte Nudeln in der Sauce schwenken und mit frischgemahlenem Pfeffer bestreuen
- Parmesankäse separat servieren

Spaghetti al buongustaio

Spaghetti nach Feinschmecker-Art

400 g Spaghetti – 200 g Schweinsbacke oder Bauchspeck – 500 g reife Tomaten – 1 große Zwiebel – 1 Gläschen Wodka – ¼ l Rahm (Sahne) – 3 Eßlöffel Olivenöl – Salz – Pfeffer

- Tomaten überbrühen, enthäuten, entkernen, passieren
- Zwiebel und Speck fein aufschneiden
- Zwiebel im Olivenöl glasig werden lassen, dann Speck dazugeben und leicht anrösten
- Tomaten untermengen, salzen, wenig pfeffern und eine Stunde leise kochen lassen
- Wodka aufgießen und noch 30 Minuten dünsten
- vor Kochende Rahm vorsichtig einrühren

Spaghetti con peperoni e mozzarella

Spaghetti mit Paprikaschoten und Mozzarella

400 g Spaghetti – 3 verschiedenfarbige Paprikaschoten – 1 Aubergine – Petersilie – 1 Knoblauchzehe – 1 Mozzarella – 5 Eßlöffel Olivenöl – Salz – Pfeffer

- Aubergine in Würfel schneiden, waschen und gut abrinnen lassen
- bei den Paprikaschoten Kerne und Rippen entfernen, auf der heißen Herdplatte anbräunen, in Streifen schneiden; Mozzarella in kleine Stückchen schneiden
- Petersilie und Knoblauchzehe feinhacken
- Knoblauch im Olivenöl goldgelb andünsten
- Aubergine dazugeben, salzen, pfeffern und 15 Minuten langsam kochen lassen
- Paprikaschoten dazugeben und noch 20 Minuten schmoren lassen; wenn nötig, etwas aufgießen
- Nudeln im Gemüse schwenken, dabei Mozzarella und Petersilie dazugeben

Spaghetti al mascarpone

Spaghetti mit Mascarpone

400 g Spaghetti – 3 Eidotter – 100 g Mascarpone – 50 g Parmesankäse – 50 g Butter – Salz – Muskatnuß – Pfeffer

- Nudelwasser zum Sieden bringen
- Butter in einer großen Schüssel im Wasserbad erhitzen
- Eidotter, Parmesankäse und Mascarpone dazugeben und verrühren, bis man eine weiche Krem erhält
- zum Schluß die Muskatnuß daruntermischen
- gekochte Spaghetti in der heißen Sauce gut vermischen und mit frischgemahlenem Pfeffer bestreuen

Maltagliati al gorgonzola

Nudeln mit Gorgonzola-Käse

400 g Maltagliati – 1 Glas Rahm (Sahne) – 100 g milder Gorgonzola-Käse – 30 g Butter – Salz – Pfeffer

- Gorgonzola-Käse in Stückchen schneiden
- Butter, Rahm und Käse im Wasserbad – unter ständigem Rühren – erwärmen, bis sich eine feine Krem bildet, nicht aufkochen
- Nudeln mit der Sauce anrichten und mit frischgemahlenem Pfeffer und – auf Wunsch – feingehackter Petersilie bestreuen

Orecchiette al sugo di ricotta

Orecchiette mit Tomaten-Quark-Sauce

300 g Orecchiette – 350 g reife Tomaten – 200 g Topfen (Quark) – 1 Eßlöffel Olivenöl – 1 Nuß Butter – 1 Knoblauchzehe – Salz – Pfeffer

- Tomaten überbrühen, enthäuten, Samen entfernen, passieren
- Knoblauch im Öl und in der Butter hellbraun anbraten, zerquetschen und entfernen
- Tomaten dazugeben
- würzen, etwa 15 Minuten auf kleiner Flamme kochen lassen
- Topfen mit der Gabel zerkleinern, bis eine breiige Masse entsteht
- der Tomatensauce beifügen, umrühren, die gekochten Orecchiette darin schwenken

Tagliatelle verdi alla fonduta

Grüne Bandnudeln „Fonduta“

400 g grüne Bandnudeln – 200 g Fontina-Käse in dünnen Scheiben – 40 g Butter – 100 g Milch – 3 Eidotter – Salz – Pfeffer

- Fontina-Scheiben in eine Schüssel geben, die Hälfte der leicht erwärmten Milch darübergießen und 2 Stunden darin einweichen
- Butter zergehen lassen, Fontina-Käse und die restliche Milch beimengen
- bei kleiner Flamme vorsichtig rühren, bis sich der Käse vollständig aufgelöst hat
- wenn er Fäden spinnt, Eidotter daruntermischen und rühren, bis sich eine feine Krem bildet
- Krem auf die inzwischen gekochten Nudeln geben und mit frischgemahlenem Pfeffer würzen

In Piemont werden auf das fertige Gericht hauchfeine Trüffel-Scheiben gestreut.

Tortelloni con spinaci e ricotta

Tortelloni mit Spinat und Quark

Füllung:
800 g Spinat – 200 g Topfen (Quark) – 100 g Parmesankäse – 1 Ei – Muskatnuß – Salz – Pfeffer
Teig:
400 g Weizenmehl – 4 Eier – Salz

- Spinat waschen, in wenig Salzwasser kochen, ausdrücken, passieren, abkühlen lassen
- Topfen, Parmesankäse, Ei, Muskatnuß, eine Prise Salz und etwas Pfeffer dazugeben und gut verrühren
- Mehl, Eier, Salz (evtl. auch einige Tropfen Öl) mit den Fingerspitzen verrühren. Wenn die Eier das Mehl gänzlich aufgesogen haben, den Teig mit den Händen noch 10 bis 15 Minuten kneten, bis sich die berühmten Bläschen bilden. Hände immer wieder nachmehlen.
- Teig austreiben und darauf kleine Füllportionen in einer Reihe, 5 bis 6 cm vom unteren Teigrand entfernt (5 cm Abstand voneinander), verteilen. Teigrand darüberschlagen und rund um die Füllung festdrücken. Mit dem Rädchen die einzelnen Tortelloni abtrennen.

Ravioli con la salsa alle noci

Ravioli mit Nußsauce

500 g Ravioli – 18 Walnüsse – 50 g Pinienkerne – ¼ l Rahm (Sahne) – Petersilie – ½ Knoblauchzehe – 40 g Butter – 3 Eßlöffel geriebener Parmesankäse – Salz – Pfeffer

- Nußkerne überbrühen und enthäuten
- Nüsse, Pinienkerne, Knoblauch und Petersilie im Mixer feinhacken und in die Schüssel geben
- unter ständigem Rühren den Rahm langsam einfließen lassen, salzen, pfeffern
- Ravioli 15 Minuten kochen und in vorgewärmte Teller geben, Nußsauce, Parmesankäse und zerlassene Butter darübergeben und servieren

Lasagne al radicchio
Lasagne mit Radicchio

350 g Lasagne – 3 Radicchio-Köpfe – 100 g Rahm (Sahne) – 120 g Parmesankäse – 100 g Butter – 50 g Mehl – ½ l Milch – Salz – Pfeffer

- Radicchio waschen und in Einzelblätter auslösen
- mit Rahm aufgießen, salzen, pfeffern und 5 Minuten zugedeckt dünsten
- ¼ des Parmesankäses dazugeben und gut vermengen
- Lasagne im Salzwasser ganz wenig kochen
- Béchamelsauce vorbereiten (Rezept Seite 104)
- feuerfeste Form ausbuttern
- Lasagneblätter, Radicchio und Bechamelsauce lagenweise einordnen
- mit dem restlichen Parmesankäse und Butterflocken belegen
- im vorgewärmten Rohr bei 200° goldgelb überbacken

Rotoli di spinaci
Spinatroulade

200 g Mehl – 2 Eier – Wasser – 1 kg Spinat – 200 g Topfen (Quark) – 80 g Butter – 100 g Parmesankäse – Salbeiblätter – Salz – Muskatnuß

- Spinat gut waschen, in wenig Salzwasser kochen, ausdrücken und fein passieren
- Butter zergehen lassen und Spinat darin schwenken
- Topfen und Spinat in eine Schüssel geben, mit Parmesankäse und geriebener Muskatnuß gut verrühren
- Mehl, Eier und etwas Salz zu einem weichen, elastischen Teig vermischen
- ein großes feuchtes Tuch ausbreiten, Teig darauf zu einem Rechteck von einigen Millimetern Dicke austreiben
- Spinat auf den Teig geben und mit einem Spatel glattstreichen (an den Rändern etwas Freiraum lassen)
- Teig ziemlich eng einrollen
- Tuch darüberschlagen und durchgehend zusammenbinden
- Salzwasser in einem langen Gefäß mit Einsatz sieden
- Spinatrolle für 30 Minuten langsam kochen lassen
- aus dem Wasser nehmen, abtropfen lassen, Tuch entfernen, Rolle in etwa 1 cm dicke Scheiben schneiden
- mit Parmesankäse und Butter, in der einige Salbeiblätter knusprig gebraten wurden, servieren

Gnocchi di patate alla panna

Kartoffelnocken in Sahnekrem

Kartoffelnocken (siehe Seite 43) – 50 g Butter – 100 g Rahm (Sahne) – 50 g geriebener Parmesankäse – Salz – Pfeffer

- Butter leicht anbräunen, die Hälfte des Rahms eingießen, verrühren
- sofort die gut abgeseihten Kartoffelnocken dazugeben
- den restlichen Rahm, den Parmesankäse und etwas frischgemahlenen Pfeffer beimengen, noch einmal gut umrühren und in vorgewärmten Tellern servieren

Gnocchetti alla crema di pomodoro e panna

Kartoffelnocken mit Tomaten-Sahne-Sauce

500 g Kartoffelnocken – 400 g reife Tomaten – 1 Nuß Butter – 100 g Rahm (Sahne) – Rosmarin – Basilikum – Salz – Pfeffer

- Tomaten überbrühen, enthäuten, Samen entfernen, passieren
- Butter goldgelb anbräunen
- Tomatenpüree, Basilikum und Rosmarinnadeln dazugeben
- würzen, etwa 15 Minuten leicht einkochen lassen, Basilikum und Rosmarin wieder entfernen
- Rahm beifügen
- gekochte Kartoffelnocken dazugeben und in der Sauce schwenken

Gnocchi di patate alla salvia

Kartoffelnocken mit Salbeiblättern

Salbeiblätter – 60 g Butter – 50 g Pecorino- oder Parmesan-Käse

- Salbeiblätter in der Butter knusprig braten
- Salbei und gebräunte Butter über die Nocken geben und mit Käse bestreuen

Auf Wunsch können auch einige Zwiebelringe mitgebraten werden.

Rezept für Kartoffelnocken: *1 kg mehlige Kartoffeln – 300 g Mehl – 1 Ei – Salz – Muskatnuß*

Kartoffeln in Salzwasser kochen, schälen und noch heiß pressen. Mehl, Ei, Salz und etwas geriebene Muskatnuß dazugeben und gut verarbeiten. Der Teig darf nicht an den Fingern kleben, eventuell noch etwas Mehl beimengen. Zu einer daumendicken Rolle formen, sie in 2 bis 3 cm lange Stückchen schneiden, über die Innenseite eines Reibeisens rollen oder mit der Gabel Nöckchen formen. Ins kochende Salzwasser geben; wenn sie an der Oberfläche erscheinen, herausnehmen.

Gnocchi alla zucca

Kürbisnocken

1 kg gelber Speisekürbis – 300 g Mehl – 1 Ei – ½ Glas Milch – Butter – Parmesankäse – Muskatnuß – Salz – Pfeffer

- Kürbis schälen, Kerne entfernen, in Stückchen schneiden
- Kürbis im Salzwasser kochen, bis er zerfällt, dann passieren
- Mehl, Ei, etwas Salz und eine Prise Pfeffer, Muskatnuß und Milch dazugeben und zu einem dicklichen Teig verarbeiten (eventuell noch etwas Mehl beimengen)
- mit einem Teelöffel Nöckchen formen und ins kochende Salzwasser geben; wenn sie an der Oberfläche erscheinen, mit einer Schöpfkelle vorsichtig herausnehmen
- mit geriebenem Parmesankäse und zerlassener Butter servieren

Dieses Gericht hat einen leicht süßlichen Geschmack

Risotto con funghi freschi e piselli

Risotto mit frischen Pfifferlingen und Erbsen

250 g Reis – 250 g Pfifferlinge – 100 g frische Erbsen – 1 Glas Weißwein – 1 kleine Zwiebel – ½ Knoblauchzehe – Petersilie – 1¼ l Fleischbrühe – 50 g Butter – 2 Eßlöffel Sahne – Salz – 1 Stückchen Pfefferschote

- Zwiebel und Petersilie feinhacken; Erbsen auslösen; Pfifferlinge in kleine Stücke schneiden
- Zwiebel und Knoblauch in der Butter goldgelb dünsten, zerriebene Pfefferschote beifügen
- Pfifferlinge dazugeben, etwas salzen und 5 Minuten mitkochen
- Erbsen und Reis beimengen, mit Holzlöffel verrühren und gut einsaugen lassen
- Weißwein aufgießen und verdampfen lassen
- unter ständigem Rühren nach und nach so viel kochende Brühe aufgießen, daß sie vom Reis immer aufgesogen werden kann; noch etwas nachsalzen und 20 Minuten kochen lassen
- Petersilie und Sahne daruntermengen und noch 2 Minuten zugedeckt ziehen lassen

Risotto alla milanese

Safranreis nach Mailänder Art

350 g Reis – 40 g Ochsenmark – 75 g Butter – 1 Glas Weißwein – 1¼ l Fleischbrühe – 1 kleine Zwiebel – 1 Briefchen Safran – 50 g Parmesankäse – Salz – Pfeffer

- Fleischbrühe zum Sieden bringen
- Zwiebel feinhacken
- Zwiebel und Ochsenmark in ⅔ der Butter goldgelb dünsten; mit dem Holzlöffel bei kleinem Feuer ständig umrühren, bis das Knochenmark schmilzt
- Reis beifügen und gut aufsaugen lassen
- Wein aufgießen und verdampfen lassen
- unter ständigem Rühren nach und nach so viel kochende Fleischbrühe dazugeben, daß sie vom Reis immer aufgesogen werden kann; salzen, pfeffern
- vor Ende der Kochzeit (etwa 20 Minuten) Safran in restlicher Brühe auflösen und dazugeben
- Parmesankäse und restliche Butter untermischen und noch einige Minuten zugedeckt ziehen lassen

Riso Pilaf al gorgonzola

Pilaf-Reis mit Gorgonzola-Käse

350 g Reis – 100 g Gorgonzola-Käse – 100 g Butter – 100 g Rahm (Sahne) – 50 g Parmesankäse – ½ Zwiebel – Salz – Pfeffer

- feingehackte Zwiebel in der Hälfte der Butter goldgelb dünsten
- Reis dazugeben, salzen, gut verrühren und mit der doppelten Menge kochendes Wasser aufgießen
- zudecken und ca. 18 Minuten im Rohr garen
- Gorgonzola-Käse in Stückchen schneiden
- restliche Butter zergehen lassen
- Gorgonzola-Käse und Rahm dazugeben und bei kleinster Flamme erwärmen
- nach und nach etwas Parmesan beimengen, dann sogleich vom Feuer nehmen
- den fertigen Reis mit der Sauce servieren

Risotto estivo

Gemüsereis

350 g Reis – 3 kleine, verschiedenfarbige Paprikaschoten – Fleischbrühe – 2 reife Tomaten – 1 kleine Zwiebel – 1 Karotte – 1 Selleriestange – 1 Zucchino – 1 Knoblauchzehe – 5 Basilikumblätter – 20 schwarze Oliven – 3 Eßlöffel Olivenöl – 50 g geriebener Parmesankäse – Salz – Pfeffer

- Paprikaschoten von den Samen befreien, mit Zucchino, Karotte und Sellerie waschen, putzen und in Scheiben schneiden; Tomaten überbrühen, enthäuten, entkernen, Zwiebel kleinhacken
- Zwiebel und Knoblauchzehe im Olivenöl hellgelb dünsten
- Gemüse und zerkleinerte Basilikumblätter beifügen, salzen, pfeffern
- mit etwas Fleischbrühe aufgießen und etwa 30 Minuten langsam kochen lassen; kurz vor Kochende Oliven dazugeben
- Reis im Salzwasser kochen lassen und etwas vor der üblichen Garzeit abseihen und zum Gemüse geben
- gut verrühren, noch ein bißchen ziehen lassen (al dente) und mit geriebenem Parmesankäse servieren

Risotto a pressione
Risotto im Schnellkochtopf

350 g Reis – 1 kleiner geräucherter Provolone – ½ Zwiebel – knapp ¾ l Fleischbrühe – 100 g Rahm (Sahne) – 50 g Butter – 50 g Parmesankäse – Salz – Pfeffer

- Fleischbrühe zum Sieden bringen
- Zwiebel in der Butter goldgelb dünsten
- Reis dazugeben, gut verrühren, einsaugen lassen
- die ganze Brühe aufgießen, salzen, etwas pfeffern
- Deckel hermetisch verschließen, 5 bis 6 Minuten kochen lassen
- Käse in Stückchen schneiden
- Kochtopf abkühlen, öffnen
- Rahm und Käsestückchen untermengen und gut verrühren, einige Minuten ziehen lassen und mit geriebenem Parmesankäse bestreuen

Risotto con Champagne
Risotto mit Sekt

350 g Reis – 2 Glas trockener Champagner oder Sekt – 1 Schuß Cognac oder Weinbrand – 2 Eßlöffel Rahm (Sahne) – ¼ Zwiebel – 50 g Butter – 50 g Parmesankäse – 1 l Fleischbrühe – Salz – Pfeffer

- Zwiebel feinhacken und in der Butter goldgelb anbraten
- Reis dazugeben, mit dem Holzlöffel verrühren und gut einsaugen lassen
- mit Champagner und Cognac aufgießen, verdampfen lassen
- nach und nach so viel der leise kochenden Fleischbrühe aufgießen, daß sie vom Reis immer aufgesogen werden kann
- salzen, pfeffern
- kurz vor Kochende Rahm, geriebenen Parmesankäse und ein Stückchen Butter daruntermischen und servieren

BRUT

Riso piccante con le patate

Pikanter Reis mit Kartoffeln

250 g Reis – 200 g Kartoffeln – 2 reife Tomaten – ½ Zwiebel – 1 Knoblauchzehe – 1 Stückchen Pfefferschote – 4 Eßlöffel Olivenöl – Petersilie – 50 g Pecorino-Käse

- Kartoffeln waschen, schälen und in Stückchen schneiden; Zwiebel und Petersilie feinhacken; Tomaten überbrühen, enthäuten, entkernen, kleinhacken
- Zwiebel und Knoblauch im Olivenöl goldgelb dünsten
- Tomaten dazugeben, salzen, mit der zerriebenen Pfefferschote würzen und mit etwas Wasser aufgießen
- Kartoffelstückchen dazugeben und langsam kochen lassen
- Reis in reichlich Salzwasser 15 Minuten kochen, abseihen und zu den Kartoffeln geben
- noch 5 Minuten kochen lassen, Pecorino-Käse und Petersilie daruntermischen

Riso al gratin

Gratinierter Reis

350 g Reis – 1 Briefchen Safran – 30 g Mehl – 80 g Butter – ¼ l Milch – 2 Eidotter – 50 g Parmesankäse – Salz – Pfeffer – Muskatnuß

- Reis in reichlich Salzwasser 7–8 Minuten kochen, Safran daruntermischen, nochmals aufkochen lassen, abseihen
- die Hälfte der Butter und Parmesankäse dazugeben und auskühlen lassen
- für Bechamelsauce restliche Butter zerlassen, Mehl einrühren, bis es eine hellgelbe Farbe annimmt. Kalte Milch eingießen, salzen, pfeffern, mit Muskatnuß würzen; unter ständigem Rühren etwa 10 Minuten langsam einkochen lassen
- Eidotter der nicht mehr kochenden Sauce beimischen, Reis dazugeben und gut vermengen
- feuerfeste Form ausbuttern, Reis hineingeben
- mit geriebenem Parmesan und den Butterflocken bestreuen und im Rohr bei mittlerer Hitze überbacken

Supplì alla romana

200 g Reis – 100 g Hackfleisch – 2 reife Tomaten – 1 Zwiebel – 1 kleine Karotte – 1 Selleriestaude – 80 g Mozzarella – 1 Ei – 50 g Semmelbrösel – 50 g Parmesan-Käse – Muskatnuß – Olivenöl – Salz – Pfeffer

- Reis in reichlich Salzwasser körnigweich kochen, abseihen und auskühlen lassen
- Tomaten überbrühen, enthäuten und entkernen, passieren; Zwiebel, Sellerie und Karotte feinhacken; Mozzarella in kleine Würfel schneiden
- Zwiebel im Olivenöl goldgelb andünsten; Hackfleisch mit Sellerie und Karotte dazugeben, umrühren und noch kurz anbraten
- Tomaten beimengen, Salz und Pfeffer beifügen, bei kleiner Hitze schmoren lassen
- Mozzarella dem Reis beimengen, Fleischsauce, Parmesankäse und Ei dazugeben, mit Muskatnuß würzen und gut verrühren
- etwa 5 cm lange Stäbchen formen, in Brotbröseln wälzen und in reichlich heißem Öl ausbacken.
- überschüssiges Öl auf Haushaltspapier abtropfen lassen

Arancini alla siciliana

250 g Reis – 250 g frische Erbsen – 100 g faschiertes Rindfleisch – 50 g Butter – 50 g Parmesankäse – 50 g Brotbrösel – ½ Zwiebel – 2 reife Tomaten – 2 Eier – Olivenöl – Salz – Pfeffer

- Tomaten überbrühen, enthäuten, entkernen, passieren
- Zwiebel in Olivenöl goldgelb dünsten, Hackfleisch und Erbsen dazugeben, umrühren und noch kurz anbraten
- Salz, Pfeffer und Tomaten beifügen und bei schwacher Hitze langsam einkochen lassen
- Reis in reichlich Salzwasser kochen, abseihen, in eine Schüssel geben und mit Butter, Parmesankäse und dem Ei vermengen, kalt werden lassen
- kleine Taschen formen und mit dem Fleischragout füllen, gut verschließen und Kugeln drehen
- die Arancini mit verschlagenem Ei und Brotbröseln panieren und in reichlich heißem Öl ausbacken

Gnocchi alla romana

Grießnocken nach römischer Art

250 g Weizengrieß – 1 l Milch – 2 Eidotter – 100 g Butter – 100 g geriebener Parmesankäse – Muskatnuß – Salz

- Milch aufkochen lassen, Grieß bei ständigem Rühren langsam einstreuen
- bei kleinster Hitze und weiterem Rühren 15 Minuten kochen lassen
- Brei vom Feuer nehmen
- salzen, die Hälfte der Butter, die Hälfte des Parmesans, Muskatnuß und Eidotter hinzufügen, alles gut vermischen
- Brei auf eine nasse Arbeitsfläche stürzen und mit einer Spatel etwa 1 cm dick ausstreichen
- wenigstens eine Stunde auskühlen lassen
- mit einem dünnrandigen Glas Scheiben ausstechen
- Backform ausbuttern und Gnocchi schuppenartig einordnen
- mit dem restlichen Parmesan bestreuen, die übrige Butter zergehen lassen und darüberschütten
- im vorgewärmten Rohr bei 250° 20 Minuten goldbraun braten

Gnocchetti verdi di ricotta al gorgonzola

Grüne Quarknocken mit Gorgonzola-Sauce

Nocken

1 kg Spinat – 400 g Topfen (Quark) – 2 Eidotter – 50 g Parmesankäse – Muskatnuß – Salz

Sauce

100 g Gorgonzola – 100 g Fontina – 100 g Rahm (Sahne) – Pfeffer

Nocken:

- Spinat kochen, abkühlen, auspressen, zerkleinern
- Topfen zusammen mit Spinat grob passieren
- Eidotter, Parmesankäse, Muskatnuß und Salz beifügen
- kleine Knödel (Ping-Pong-Größe) formen
- Nocken nach und nach ins leise kochende Salzwasser geben; wenn sie auf der Oberfläche erscheinen, sofort herausnehmen (vorsichtig!)

Sauce:

- Gorgonzola und Fontina zerkleinern
- Rahm hinzufügen
- im Wasserbad langsam verrühren, bis sich eine kremige Sauce bildet
- Nocken mit Sauce übergießen und mit frischgemahlenem Pfeffer überstreuen

Rezepte

mit Fleisch

Penne all'arrabbiata

400 g Penne – 700 g Tomaten – 100 g Schweinsbacke – 1 halbe Pfefferschote – 2 Knoblauchzehen – 1 kleinere Zwiebel – 4 Eßlöffel Olivenöl – 50 g Pecorino-Käse – Salz

- Tomaten überbrühen, enthäuten, Samen entfernen, in kleine Stücke schneiden
- Zwiebel fein aufschneiden
- Schweinsbacke in kleine Streifen oder Würfel schneiden
- Zwiebel und die mit der Gabel zerdrückten Knoblauchzehen im Öl erhitzen
- Schweinsbacke dazugeben und etwas anrösten
- Tomaten in die Pfanne geben
- salzen, Pfefferschote dazugeben und etwa zehn Minuten schmoren lassen
- fertige Sauce mit den gekochten Nudeln vermengen, den Pecorino-Käse daruntermischen und das ganze in einer Schüssel servieren

Spaghetti con ragù alla bolognese

Spaghetti mit Fleischsauce nach Bologneser Art

400 g Spaghetti – 100 g gehacktes Rindfleisch – 100 g Bauchspeck – 2 St. Hühnerleber – 1 kleine Zwiebel – 1 Stück Karotte – Sellerie – 2 reife Tomaten – 1 Schuß Weißwein – 1 Tasse Fleischbrühe – 50 g Butter – Muskatnuß – Salz – Pfeffer

- Zwiebel, Karotte, Sellerie kleinhacken; Bauchspeck fein aufschneiden; Tomaten überbrühen, schälen, entkernen, passieren;
- Gemüse, Bauchspeck und Fleisch in der Butter langsam dünsten lassen, gut verrühren; mit Weißwein löschen
- Tomatenpüree dazugeben, mit Salz, Pfeffer und Muskatnuß würzen
- mit Fleischbrühe aufgießen und bei kleinem Feuer 1 Stunde schmoren lassen

Tagliatelle al sugo di arrosto

Bandnudeln mit Bratensauce

400 g Bandnudeln – 600 g Rindfleisch (Schulter oder Schlegel) – 1 Zwiebel – 1 Karotte – 1 Staude Sellerie – 3 Eßlöffel Olivenöl – 50 g Butter – 1 Tasse Fleischbrühe – Parmesankäse – Muskatnuß – Salz – Pfeffer

- Fleischbrühe vorbereiten
- Zwiebel, Karotte, Sellerie feinhacken
- im Öl und in der Butter goldgelb andünsten
- Fleisch dazugeben und rundherum schön anbraten
- salzen und mit frischgemahlenem Pfeffer und Muskatnuß würzen und mit einem Löffel Fleischbrühe übergießen
- sehr, sehr langsam kochen lassen, bis die Flüssigkeit zum Teil eingekocht ist und die Sauce dicklich und gehaltvoll wird
- Nudeln in der Sauce schwenken und Käse separat reichen

Die Kunst besteht darin, die Kochzeit in die Länge zu ziehen (auch 5 Stunden). Die Neapolitaner nennen es „pipiare", wenn die Sauce träge, dicke Bläschen bildet.

Paglia e fieno alla contadina

„Heu und Stroh" nach Bauernart

400 g grüne und gelbe Bandnudeln – 150 g Bauchspeck – 500 g reife Tomaten – 1 Aubergine – 2 Knoblauchzehen – 30 g schwarze Oliven – 1 kleine grüne Paprikaschote – Origano – 3 Eßlöffel Olivenöl – Salz – Pfeffer

- Tomaten überbrühen, enthäuten, Kerne entfernen, passieren
- Paprikaschote waschen und säubern, auf der Herdplatte anbraten und klein aufschneiden; Aubergine in kleine Würfel schneiden, waschen und gut abrinnen lassen; Oliven entkernen und feinhacken; Bauchspeck in kleine Würfel schneiden
- Knoblauchzehen im Olivenöl goldgelb anrösten und dann entfernen
- Bauchspeck im selben Öl glasig werden lassen; Auberginen und Tomatenpüree dazugeben, salzen und pfeffern, zehn Minuten dünsten
- Paprikaschote, Oliven und Origano untermengen und weitere fünf Minuten kochen lassen
- auf Wunsch mit geriebenem Pecorino-Käse servieren

Spaghetti integrali ai gicoli
Vollkorn-Spaghetti mit Grieben

400 g Spaghetti – 200 g Griebenschmalz, Schweinsbacke oder – weißer Bauchspeck – 1 Lorbeerblatt – Parmesankäse – Salz – Pfeffer

- Speck in kleine Würfel schneiden
- Grieben zusammen mit dem Lorbeerblatt erhitzen
- bei kleiner Flamme knusprig (nicht zu stark) ausbraten
- über die gekochten Nudeln gießen, vorsichtig würzen
- Parmesankäse dazureichen

Maccheroni col ragù bianco
Maccheroni mit weißem Ragout

400 g Maccheroni – 400 g mageres, zartes Rindfleisch – 3 Zwiebeln – 3 Fenchelknollen – 1 Rosmarinzweigchen – 6 Eßlöffel Olivenöl – 40 g Butter – 50 g Parmesankäse – Salz – Pfeffer

- Zwiebel feinhacken; Fenchelknollen säubern und waschen
- Zwiebel und Fenchelknollen in der Hälfte des Öls und der Butter goldgelb dünsten
- Rindfleisch in einer anderen Pfanne mit dem restlichen Öl-Butter-Gemisch ringsum schön anbraten, mit Salz, Pfeffer und Rosmarin würzen und zum Gemüse geben
- auf kleiner Flamme so lange schmoren lassen, bis das Fleisch gar und das Gemüse zerfallen ist
- das Fleisch herausnehmen und für den zweiten Gang bereitstellen
- die Sauce zu den inzwischen gekochten Maccheroni geben und servieren

Es handelt sich hier um ein sehr altes Rezept, das in seiner Grundform in die Zeit vor der Einführung der Tomate zurückreicht.

Spaghetti con i broccoli al guanciale

Spaghetti mit Broccoli und Schweinsbacke

400 g Spaghetti – 250 g Broccoli – 120 g Schweinsbacke – 1 Knoblauchzehe – 1 Stückchen Pfefferschote (peperoncino) – 30 g Pecorino-Käse – 3 Eßlöffel Olivenöl – Salz

- Broccoli waschen und zerkleinern
- Schweinsbacke – auch Bauchspeck kann verwendet werden – in kleine Würfel schneiden
- Schweinsbacke im Öl erhitzen, die zerriebene Pfefferschote und die Knoblauchzehe eine kurze Zeit mitrösten lassen
- Knoblauch entfernen, Broccoli beimengen
- vorsichtig salzen, etwa 25 Minuten auf kleiner Flamme schmoren lassen
- fertige Sauce mit den gekochten Nudeln vermengen und den geriebenen Käse dazureichen

Bucatini all'amatriciana

350 g Bucatini – 100 g Schweinsbacke – 500 g reife Tomaten – 1 kleinere Zwiebel – 1 Knoblauchzehe – 1 Stückchen Pfefferschote (peperoncino) – 1 halbes Glas Weißwein – 50 g Pecorino-Käse – Olivenöl – Salz

- Die Schweinsbacke in kleine Würfel oder dünne Streifen schneiden
- Tomaten überbrühen, enthäuten, Samen entfernen, in Würfel schneiden
- Zwiebel kleinhacken
- Schweinsbacke in etwas Öl hell anrösten, mit einem Sieblöffel herausnehmen und abstellen
- Zwiebel, Knoblauch und die zerriebene Pfefferschote mit dem Knoblauch im Speck-Öl goldgelb anrösten
- Wein zuschütten und verdampfen lassen, dann die Tomaten dazugeben
- etwas später den Käse beimengen und die Knoblauchzehe entfernen
- vorsichtig salzen, etwa 15 Minuten auf kleiner Flamme kochen lassen
- zum Schluß die vorbereitete Schweinsbacke dazugeben und das ganze mit den gekochten Nudeln gut vermengen

Anstatt der Schweinsbacke kann auch geräucherter Bauchspeck verwendet werden.

Spaghetti alla pizzaiola

Spaghetti nach Pizzaiola-Art

400 g Spaghetti – 350 g Rindfleisch bester Qualität – 3 reife Tomaten – 2 Knoblauchzehen – Petersilie – Origano – 1 Teelöffel Kapern – 1 Stückchen Pfefferschote – 50 g Parmesankäse – 4 Eßlöffel Olivenöl – Salz

- Kapern waschen, Wasser ausdrücken, Petersilie entblättern
- Tomaten überbrühen, enthäuten, Kerne entfernen, passieren
- Rindfleisch in feine Streifen schneiden
- Knoblauch zerdrücken und im Olivenöl goldgelb dünsten und wieder entfernen
- Rindfleisch ins Öl geben, Tomaten daruntermischen, langsam dünsten lassen
- Kapern, Origano, zerdrückte Pfefferschote und Petersilieblätter dazugeben, salzen
- nach etwa einer halben Stunde fertige Sauce mit Spaghetti vermischen, mit Parmesankäse und einigen Petersilieblättern bestreuen

Spaghetti con salsicce e champignons

Spaghetti mit Schweinswürstchen und Champignons

400 g Spaghetti – 200 g Schweinsbratwürstchen – 250 g Champignons – 2–3 reife Tomaten – ½ Zwiebel – 1 Knoblauchzehe – Petersilie – 1 Stückchen Peperoncino – Parmesankäse – 2 Eßlöffel Olivenöl

- Tomaten überbrühen, enthäuten, entkernen, passieren; Champignons der Länge nach dünn aufschneiden; Zwiebel und Petersilie kleinhacken
- Zwiebel im Olivenöl anrösten, gehackte oder zerquetschte Knoblauchzehe dazugeben
- Champignons mit etwas Petersilie beifügen, einige Minuten mitdünsten
- zerkleinerte Würste beimengen und nochmals einige Minuten kochen
- Tomaten und Peperoncino hinzufügen und bei schwacher Hitze 10 bis 15 Minuten fertiggaren
- mit restlicher Petersilie und Käse bestreuen, nach Belieben einige Tropfen Olivenöl auf das fertige Gericht geben

Fettuccine con panna e prosciutto

Bandnudeln mit Rahm und Schinken

400 g Bandnudeln – 100 g gekochter Schinken (in einer dicken Scheibe) – 100 g Rahm (Sahne) – 100 g Parmesankäse – 50 g Butter – Muskatnuß – Salz – Pfeffer

- Schinken in kleine Stückchen schneiden
- Butter zergehen lassen, Schinken darin leicht anbräunen
- salzen und mit Muskatnuß abschmecken
- Parmesankäse dazugeben, Rahm langsam eingießen und unter ständigem Rühren erwärmen
- Nudeln in der Sauce schwenken und mit frischgeriebenem Pfeffer bestreuen

Spaghetti alla carbonara

400 g Spaghetti – 120 g Schweinsbacke – 4 Eidotter – ½ Glas Rahm (Sahne) – 60 g Parmesankäse – 20 g Butter – Salz – Pfeffer

- Schweinsbacke (auch Bauchspeck) in kleine Würfel schneiden
- Butter zergehen lassen, Schweinsbacke darin langsam anbraten, vom Feuer nehmen und warm stellen
- Eidotter in einer Schüssel verrühren, Rahm, die Hälfte des Parmesankäses und frischgemahlenen Pfeffer daruntermengen
- die gekochten, gut abgeseihten Nudeln zum Speck geben
- nochmals heiß verrühren (auf keinen Fall zum Kochen bringen, weil das Eidotter sonst grießig gerinnt), Eidotter darüberschütten und sofort in vorgewärmten Tellern servieren. Parmesankäse getrennt reichen

Tortiglioni al Brandy

Tortiglioni (Maccheroni) mit Weinbrand

400 g Tortiglioni – 100 g Speck – 400 g reife Tomaten – 2 Eßlöffel Rahm (Sahne) – 2 Gläschen Weinbrand – Basilikum – Parmesankäse – Butter – Salz – Pfeffer

- Speck würfelig schneiden
- Tomaten überbrühen, enthäuten, Samen entfernen, in kleine Stücke schneiden
- Basilikumblätter mit der Hand zerpflücken
- Speck in Butter glasig anrösten, mit einem Gläschen Weinbrand löschen
- Tomaten dazugeben, kurz aufkochen lassen
- würzen, etwa 15 Minuten auf kleiner Flamme schmoren lassen
- Basilikum und Rahm dazugeben, den restlichen Weinbrand aufgießen
- die nicht ganz fertig gekochten Nudeln dazugeben, mit etwas Käse überstreuen und das ganze etwa fünf Minuten im heißen Rohr ziehen lassen
- geriebenen Käse separat dazureichen

Garganelli con le salsicce

Garganelli mit Schweinswürstchen

400 g Garganelli – 2 Schweinswürstchen – 100 g Bauchspeck – 400 g reife Tomaten – 1 Zwiebel – 1 Glas Weißwein – 3 Eßlöffel Olivenöl – 20 g Pecorino-Käse – Salz

- Tomaten überbrühen, schälen, entkernen, passieren; Würstchen und Bauchspeck in kleine Stückchen schneiden; Zwiebel feinhacken
- Zwiebel und Bauchspeck im Olivenöl dünsten
- mit Weißwein löschen
- Würstchen beimengen und gut verrühren; Tomaten dazugeben, salzen und 15 Minuten langsam einkochen lassen
- Fleischsauce auf die inzwischen gekochten Nudeln geben und mit Pecorino-Käse servieren.

Spaghettini con la mollica
Spaghettini mit Semmelbröseln

400 g Spaghettini – 100 g grobgeriebene Semmelbrösel – 1 Knoblauchzehe – Petersilie – 1 Stück Pfefferschote (peperoncino) – 5 Eßlöffel Olivenöl – Salz

- Petersilie feinhacken
- Knoblauchzehe im Öl goldgelb anbraten, mit der Gabel zerdrücken und nach wenigen Augenblicken entfernen
- Brösel im Öl leicht rösten, salzen und die Pfefferschote dazugeben
- mit den inzwischen gekochten Nudeln vermengen, in der Pfanne etwas schwenken
- mit Petersilie bestreuen und servieren

Ravioli al ragù
Ravioli mit Fleischsauce

500 g Ravioli – 100 g Hackfleisch – 1 Schweinswürstchen – 400 g reife Tomaten – 1 Zwiebel – 1 Knoblauchzehe – 1 Gewürznelke – 1 Glas Weißwein – 20 g Butter – 3 Eßlöffel Olivenöl – 50 g Parmesankäse – Salz – Pfeffer

- Tomaten überbrühen, enthäuten, Kerne entfernen, passieren; Zwiebel feinhacken, Würstchen in kleine Stücke schneiden
- Zwiebel, Knoblauch und Gewürznelke im Öl und in der Butter andünsten; salzen, pfeffern; gut verrühren, mit Weißwein aufgießen; Gewürznelke wieder entfernen
- Tomaten beimengen und zugedeckt eine Stunde auf kleiner Flamme kochen lassen
- Ravioli in Salzwasser kochen, vorsichtig mit der Schöpfkelle abseihen; mit der Sauce und frischgeriebenem Parmesankäse servieren

Lasagne al forno

Teigblatt (sfoglia), Béchamelsauce: siehe Seite 74; Füllung: 100 g gehacktes Rindfleisch – 100 g gehacktes Schweinefleisch – 100 g gehacktes Kalbfleisch – 200 g reife Tomaten – 1 Zwiebel – 1 Glas Weißwein – 2 Eßlöffel Öl – 50 g Butter – Salz – Pfeffer

- Tomaten überbrühen, enthäuten, Kerne entfernen, passieren; Zwiebel feinhacken
- Zwiebel in Öl und Butter goldgelb dünsten
- Fleisch dazugeben, etwas anrösten, salzen, pfeffern; mit Wein löschen
- Tomaten beimengen; eine Stunde langsam kochen lassen
- Teigblätter (immer nur wenige Stücke) im Salzwasser vorkochen, vorsichtig abseihen und auf Tüchern ausbreiten
- Backform leicht ausbuttern, ein wenig Fleischsauce daraufgeben, eine Lage Nudeln darüber, eine Lage Fleischsauce, warme Béchamelsauce, Parmesankäse, eine Lage Teigblätter usw. Die oberste Lage sollte eine ziemlich dicke Lage Béchamelsauce und einige Butterflocken sein
- Im vorgew. Rohr bei 200° 45 Min. backen

Tagliatelle ai fegatini di pollo

Eiernudeln mit Hühnerleber

400 g Bandnudeln – 200 g Hühnerleber – 1 kleine Zwiebel – ½ Glas Weißwein – etwas Mehl – 50 g Butter – 50 g Parmesankäse – Salz – Pfeffer

- Hühnerleber gut putzen, Fett entfernen, waschen, abtrocknen und aufschneiden, leicht bemehlen; Zwiebel feinhacken
- Zwiebel in der Butter goldgelb andünsten
- Leber dazugeben, mit Holzlöffel umrühren, Weißwein aufgießen
- noch drei bis vier Minuten dünsten, dann salzen und pfeffern
- Nudeln mit der Hühnerleber anrichten, Parmesankäse separat reichen

Pappardelle alla lepre

Bandnudeln mit Wildhasenragout

400 g breite Eiernudeln – 1 Wildhasenhälfte – 1 Zwiebel – 1 Karotte – 1 Selleriestange – 1 Petersilwurzel – 1 Lorbeerblatt – einige Wacholderbeeren – 1 Glas Rotwein – Fleischbrühe – 3 Eßlöffel Olivenöl – 50 g Butter – Salz – Pfeffer

- Hasenfleisch waschen, Sehnen auslösen, in grobe Stücke schneiden; Zwiebel, Karotte und Sellerie feinhacken
- Gemüse im Öl und in der Butter anrösten
- Fleisch dazugeben, an allen Seiten anbraten; salzen, mit frischgemahlenem Pfeffer würzen; Lorbeerblatt und zerdrückte Wacholderbeeren dazugeben; Wein aufgießen und zugedeckt langsam dünsten lassen
- wenn das Fleisch weich ist, Knochenteile herauslösen, Fleisch zerkleinern, etwas Brühe dazugeben, Sauce passieren und nochmals kurz aufkochen lassen
- Ragout über gekochte Nudeln geben, auf Wunsch Parmesankäse reichen

Pappardelle con il ragù di capriolo

Eiernudeln mit Rehragout

Nudeln:

300 g Mehl – 3 Eier – 1 Glas Olivenöl – Salz

Ragout:

300 g Rehfleisch – 1 Zwiebel – 3 Wacholderbeeren – 1 Lorbeerblatt – 1 Glas Rotwein – ¼ l Rahm (Sahne) – 3 Eßlöffel Olivenöl – Salz – Pfeffer

- Nudelzutaten zu einem Teig verkneten, bis sich die bekannten Bläschen bilden; ½ Stunde rasten lassen
- Teig austreiben, in etwa 15 mm breite Streifen schneiden; im siedenden Salzwasser zehn Minuten kochen lassen
- Rehfleisch kleinhacken; Zwiebel feinhacken
- Zwiebel goldgelb dünsten; Fleisch dazugeben; mit Salz, Pfeffer, Lorbeerblatt und Wacholderbeeren würzen und schön anbraten
- mit Rotwein aufgießen und zugedeckt eine Stunde schmoren lassen
- kurz vor Kochende mit dem Rahm aufgießen; Nudeln in der Sauce schwenken und heiß servieren

Pasticcio di maccheroni

Maccheroni-Auflauf

Teig: *200 g Mehl, 100 g Butter, 2 Eigelb, Salz*

Béchamelsauce: siehe Seite 74

Füllung: *500 g Maccheroni – 120 g gehacktes Kalbfleisch – 100 g Kalbsbries – 20 g getrocknete Pilze – 1 kleine Zwiebel – 3 Tomaten – ½ Glas Weißwein – 80 g Butter – Parmesankäse – Salz – Pfeffer*

- Pilze aufweichen; geschälte Tomaten in Scheiben schneiden; Zwiebel feinhacken
- Mehl, Butter, Eigelb und Salz mit etwas Wasser gut vermengen, etwa eine Stunde rasten lassen, dann austreiben
- Backform ausbuttern und mit Teig auskleiden
- Zwiebel in der Butter goldgelb dünsten; Kalbsbries und gehacktes Kalbfleisch dazugeben, leicht anbraten und mit Weißwein löschen; Tomaten und Pilze beimengen; würzen, zugedeckt dünsten lassen
- Maccheroni mit Ragout, Béchamelsauce, Parmesankäse und Butter gut vermischen und in die ausgekleidete Backform geben; den Teig darüberschlagen, mit Ei bestreichen, mit der Gabel Löcher stechen, damit der Dampf entweicht, im Rohr etwa 40 Min. backen;

Cannelloni al gratin

Cannelloni gratiniert

Teigblatt (sfoglia)

200 g gehacktes Rindfleisch – 200 g mageres Kalbfleisch – 1 Schweinswürstchen – ½ Glas Weißwein – 1 kleine Zwiebel – 1 reife Tomate – 1 Rosmarinzweigchen – 3 Eßlöffel Olivenöl – 60 g Butter – 60 g Parmesankäse – Salz – Pfeffer

Béchamelsauce:

50 g Mehl – 50 g Butter – ½ l Milch – Salz – Pfeffer – Muskatnuß

- Teigquadrate im Salzwasser ganz wenig kochen, abschöpfen, in kaltes Wasser tauchen und auf einem Tuch ausbreiten
- Tomate überbrühen, enthäuten, Kerne entfernen, passieren; Zwiebel kleinhacken; Schweinswürstchen zerkleinern
- Zwiebel im Öl und in der Butter goldgelb dünsten; Rosmarinzweig und Fleisch dazugeben, leicht anbraten
- mit Weißwein löschen
- Tomaten beimengen, salzen, pfeffern, mit etwas Wasser aufgießen
- 30 Minuten kochen lassen
- die Fülle auf die Quadrate verteilen, einrollen, Enden verschließen und in gebutterte Form geben
- Béchamelsauce: Butter zergehen lassen, Mehl einrühren, bis es eine hellgelbe Farbe annimmt, kalte Milch aufgießen, wenig salzen und pfeffern, mit Muskatnuß würzen, unter ständigem Rühren etwa 10 Minuten langsam einkochen lassen
- Cannelloni mit Béchamelsauce übergießen, Parmesankäse und Butterflocken darübergeben
- im heißen Rohr bei 200° 20 Minuten überbacken

Chenelle alla moda

1 kg Kartoffeln – 125 g Weizenmehl – Béchamelsauce (siehe Seite 74) – 125 g Butter – 4 Eier – 50 g Parmesankäse – Salz – Pfeffer – Muskatnuß

- Kartoffeln im Salzwasser kochen, schälen, pressen
- Butter, Parmesankäse, Eier, Mehl, Salz, Pfeffer und Muskatnuß dem noch warmen Kartoffelbrei untermischen
- mit zwei Löffeln kleine eiförmige Nocken formen und im Salzwasser kochen; wenn sie an der Oberfläche erscheinen, herausnehmen
- feuerfeste Form ausbuttern, Boden mit Béchamelsauce belegen; Chenelle einordnen
- Zwei Eßlöffel Ragù (Fleischsauce) darüber verteilen, mit Parmesankäse und Butterflocken bestreuen
- fünf bis zehn Minuten bei 200° im vorgewärmten Rohr überbacken

Risi e bisi

Reis mit Erbsen

300 g Reis – 250 g frische Erbsen – 60 g geräucherter Bauchspeck – 50 g Butter – 1¼ l Fleischbrühe – ½ Zwiebel – Petersilie – Parmesankäse – Salz – Pfeffer

- Bauchspeck in kleine Würfel schneiden
- Zwiebel und Petersilie feinhacken
- Erbsen auslösen, waschen
- Zwiebel und Speck in etwas Butter schwach anrösten, ohne daß sie Farbe annehmen
- Petersilie und Erbsen dazugeben und sogleich den Reis beimengen, salzen, pfeffern
- eine Schöpfkelle Brühe dazugeben und unter ständigem Rühren einige Minuten kochen lassen
- weitere Brühe nachgießen und während der 25 Minuten Kochzeit immer wieder vorsichtig umrühren
- kurz vor Schluß die übrige Butter und den Parmesankäse dazugeben und gut vermengen. Der Reis soll kremig wirken

Risotto con rognoncini
Risotto mit Kalbsnieren

350 g Reis – 2 kleine Kalbsnieren – 50 g Butter – 3 Eßlöffel Olivenöl – 1 kleine Zwiebel – 1 Knoblauchzehe – Petersilie – 1¼ l Fleischbrühe – 1 Glas Weißwein – 50 g Parmesankäse – Salz – Pfeffer

- Nieren: Fett entfernen, wenigstens zwei Stunden in kaltes Wasser legen; gut abtrocknen und in kleine Scheiben schneiden; Knoblauchzehe im Öl goldgelb dünsten; Nieren dazugeben, anbraten, mit etwas Weißwein aufgießen; zugedeckt langsam schmoren lassen (etwa 30 Minuten), zum Schluß salzen und kleingehackte Petersilie daruntermischen
- Risotto: Zwiebel in Butter goldgelb andünsten; Reis beifügen, mit Holzlöffel umrühren, Weißwein aufgießen, verdampfen lassen
- unter ständigem Rühren nach und nach so viel kochende Fleischbrühe dazugeben, daß sie vom Reis immer aufgesogen werden kann; salzen, pfeffern, etwa 20 Minuten kochen lassen
- zum Schluß Parmesankäse und etwas Butter beifügen; noch zwei Minuten zugedeckt ziehen lassen; Kalbsnieren auf den fertigen Risotto geben

Risotto alla mantovana con salsicce
Risotto nach Mantua-Art mit Schweinswürstchen

300 g Reis – 200 g Mantuaner Würste (oder ähnliche Schweinswürste) – 1¼ l Fleischbrühe – ½ Glas Weißwein – 50 g Butter – 50 g Parmesankäse – ½ Zwiebel – Salz – Pfeffer

- Fleischbrühe aufkochen lassen
- Schweinswürste enthäuten und in Stückchen schneiden; Zwiebel feinhacken
- Zwiebel in der Butter goldgelb dünsten; Würste dazugeben und anbraten
- Reis beifügen, mit einem Holzlöffel umrühren und gut einsaugen lassen
- Weißwein eingießen und verdampfen lassen
- unter ständigem Rühren nach und nach soviel heiße Fleischbrühe dazugeben, daß sie immer vom Reis aufgesogen werden kann
- kurz vor Ende der Kochzeit (20 Minuten) kosten und vorsichtig salzen und pfeffern
- Parmesankäse unterrühren und noch zwei Minuten zugedeckt rasten lassen

Minestra di lenticchie

Linsensuppe

200 g kleine Nudeln – 200 g Linsen – 1 Zwiebel – 1 Tomate – 1 Selleriestaude – 1 Karotte – 2–3 Salbeiblätter – 3 Eßlöffel Olivenöl – 50 g Pecorino-Käse – Salz, Pfeffer

- Linsen schon am Vorabend einweichen
- Tomate überbrühen und fein aufschneiden
- halbe Zwiebel, Sellerie und Karotte aufhacken
- Linsen abseihen, mit frischem Wasser bedecken, salzen, ein Stückchen Zwiebel dazugeben, langsam kochen lassen
- aufgeschnittene Zwiebel im Olivenöl goldgelb dünsten, Sellerie, Karotte, Salbeiblätter und Tomate dazugeben und noch fünf Minuten dünsten
- Gemüsegemisch zu den Linsen geben, wenn nötig noch etwas Wasser aufgießen und ca. 1½ Stunden kochen lassen
- zehn Minuten vor Kochende Nudeln dazugeben
- mit Salz, etwas Pfeffer, einem Eßlöffel Öl und reichlich geriebenem Pecorino-Käse abschmecken

Minestra di riso alla veneta

Reissuppe nach Venezianer Art

200 g Reis – 200 g Schweinswürstchen – 250 g weiße Rüben – ½ Zwiebel – 1 Büschel Petersilie – 2 l Fleischbrühe – 50 g Butter – 50 g Parmesankäse – Salz – Pfeffer

- Fleischbrühe zum Sieden bringen
- Rüben abschälen, in Stückchen schneiden und ein bißchen vorkochen
- Würstchen aufschneiden
- Zwiebel und Petersilie feinhacken
- Zwiebel in Butter goldgelb dünsten
- Würstchen und Rüben dazugeben, gut verrühren, mit etwas Brühe aufgießen und langsam kochen lassen
- nach ca. 15 Minuten restliche Brühe eingießen, aufkochen lassen, Reis untermengen, vorsichtig salzen und noch 15 Minuten kochen lassen
- kurz vor dem Servieren feingehackte Petersilie und geriebenen Parmesankäse beimengen

Rezepte

mit Fisch

Spaghetti con le cozze

Spaghetti mit Miesmuscheln

400 g Spaghetti – 800 g Miesmuscheln – 2 Knoblauchzehen – 1 Spitze Paprikaschote – 1 Büschel Petersilie – 3 Eßlöffel Olivenöl – Salz

- Muscheln sorgfältig waschen, in ganz wenig Wasser bei großer Hitze einige Minuten aufkochen lassen. Wenn sie sich öffnen, sofort herausholen
- Muschelfleisch auslösen, Muschelflüssigkeit filtrieren
- Knoblauchzehen und Petersilie feinhacken
- Knoblauchzehen im Olivenöl leicht anrösten, zerriebene Paprikaschote und Muscheln dazugeben, umrühren, mit etwas Muschelflüssigkeit aufgießen, Petersilie untermengen und zwei bis drei Minuten einkochen lassen
- Nudeln in der Pfanne schwenken, servieren und einige Tropfen kaltes Olivenöl darübergeben

Spaghetti alle vongole

Spaghetti mit Venusmuscheln

400 g Spaghetti – 800 g Venusmuscheln – 2 Knoblauchzehen – 1 Büschel Petersilie – 4 Eßlöffel Olivenöl – Salz

- Muscheln gründlich waschen, in wenig Wasser einige Minuten aufkochen, bis sie sich öffnen, dann sofort herausholen
- Muscheln auslösen, Muschelflüssigkeit filtrieren
- Knoblauchzehen und Petersilie feinhacken und im Olivenöl anrösten, Muschelflüssigkeit dazugeben und etwas einkochen lassen
- Venusmuscheln und Nudeln in der Sauce vermengen und noch kurz erhitzen
- frischgemahlenen Pfeffer darüberstreuen

Linguine e gamberetti al brandy

Linguine mit Garnelen und Brandwein

400 g Nudeln – 250 g Garnelen – 3 Eßlöffel Olivenöl – 1 reife Tomate – 1 Knoblauchzehe – einige frische Basilikumblätter – 1 Gläschen Brandwein – Salz

- Garnelen waschen, in siedendem Wasser vier Minuten aufkochen, abseihen
- Tomaten überbrühen, abschälen, in Stückchen schneiden
- Knoblauchzehe feinhacken, Basilikum zerpflücken
- Knoblauch im Olivenöl goldgelb anrösten, mit Brandwein löschen
- Tomaten und Basilikum dazugeben, salzen, ein bißchen pfeffern und leicht einkochen lassen
- Garnelen dazugeben
- Nudeln in die Pfanne füllen, umrühren und noch kurz erhitzen

Spaghetti con i gamberi

Spaghetti mit Garnelen

400 g Spaghetti – 300 g Garnelen – 1 Knoblauchzehe – 1 Büschel Petersilie – ½ Glas Weißwein – 3 Eßlöffel Olivenöl – Salz – Pfeffer

- Knoblauchzehe und Petersilie feinhacken
- Garnelen waschen und abtropfen lassen
- Knoblauch im Olivenöl anrösten, Garnelen dazugeben und gut verrühren, ein bißchen salzen
- Weißwein aufgießen, zudecken und vier Minuten dünsten
- Nudeln in der Pfanne schwenken, Petersilie darüberstreuen, mit frischgemahlenem Pfeffer würzen

Penne al tonno
Nudeln mit Thunfisch

400 g Penne – 1 Dose Thunfisch – 2 Sardellenfilets – 1 Teelöffel Kapern – ½ Zwiebel – Petersilie – 1 Stückchen Pfefferschote – ½ Glas Weißwein – 50 g Butter – Salz

- Zwiebel und Petersilie feinhacken, Kapern waschen, mit der Gabel zerdrücken (einige ganz lassen); Sardellenfilets und Thunfisch zerkleinern
- Zwiebel in der Butter goldgelb anbraten, zerriebene Pfefferschote und Sardellenfilets dazugeben
- Thunfisch und Kapern untermischen, vorsichtig salzen und fünf Minuten dünsten; mit Weißwein löschen
- gekochte Nudeln in der Thunfischsauce schwenken, Petersilie darüberstreuen und servieren

Spaghetti al tonno e pomodoro
Spaghetti mit Thunfisch und Tomaten

400 g Spaghetti – 1 Dose Thunfisch – 400 g reife Tomaten – 1 kleine Zwiebel – 1 Knoblauchzehe – 1 Stückchen Pfefferschote – Origano – Petersilie – 2 Eßlöffel Olivenöl – Salz

- Tomaten überbrühen, enthäuten, Samen entfernen, passieren
- Zwiebel, Petersilie und Knoblauchzehe feinhacken
- Zwiebel im Olivenöl goldgelb anbraten
- Knoblauch, zerriebene Pfefferschote und Tomatenpüree dazugeben; salzen, mit Origano würzen, Thunfisch (ohne Öl) dazugeben
- 10 bis 15 Minuten köcheln lassen
- gekochte Nudeln in der Sauce schwenken und mit Petersilie bestreuen

Linguine con le acciughe

Nudeln mit Sardellen

400 g Linguine – 6 Sardellenfilets – 3 Eidotter – 100 g Fontina-Käse – 20 g Butter – Salz – Pfeffer

- Sardellenfilets mit der Gabel zerkleinern
- Fontina-Käse in Stückchen schneiden
- Käse und Eidotter in einer Schüssel verrühren und einige Zeit rasten lassen
- Butter bei ganz kleiner Flamme zergehen lassen, Käse-Ei-Gemisch und Sardellen dazugeben, einige Minuten gut verrühren
- Nudeln in der Sauce schwenken und mit frischgemahlenem Pfeffer bestreuen

Risotto nero

Schwarzer Risotto

350 g Reis – 400 g kleine schwarze Tintenfische einige Fischstücke für Brühe – 50 g Butter – ½ Glas Weißwein – ½ Zwiebel – 1 Knoblauchzehe – 1 Lorbeerblatt – 1 Büschel Petersilie – 1 Karotte – Salz – Pfeffer

- Brühe aus einigen Fischstücken, Karotte und Lorbeerblatt zum Sieden bringen
- Tintenfische waschen, Tintensäcke auslösen, die Hälfte der Tinte bereitstellen, Fische in kleine Streifen schneiden
- feingehackte Zwiebel und Knoblauchzehe in Butter goldgelb anrösten, Tintenfische dazugeben, salzen, pfeffern und mit Weißwein aufgießen; wenn der Weißwein verdampft ist, Tinte dazugeben und noch zehn Minuten zugedeckt langsam schmoren lassen
- Reis untermischen, unter ständigem Rühren nach und nach so viel kochende Fischbrühe dazugeben, daß sie vom Reis immer aufgesogen werden kann
- nach ca. 20 Minuten etwas Butter und feingehackte Petersilie daruntermischen und noch zwei Minuten zugedeckt langsam ziehen lassen

Risotto alla marinara

Risotto mit Meeresfrüchten

350 g Reis
1 kg Meeresfrüchte: Garnelen (ohne Schale), kleine Tintenfische, Krabbenschwänze, Miesmuscheln (cozze), Venusmuscheln (vongole) – 2 Löffel Olivenöl – 1 Zwiebel – 1 Knoblauchzehe – 1 reife Tomate – Petersilie – ½ Glas Weißwein – 1¼ l Brühe – Salz – Pfeffer

- Muscheln waschen, in ganz wenig Wasser zugedeckt einige Minuten aufkochen lassen, damit sie sich öffnen. Muschelfleisch herausnehmen, Flüssigkeit filtrieren; Tintenfische waschen, Knorpel und Tintensäcke entfernen, in Streifen schneiden; feingehackte Knoblauchzehe und Petersilie im Olivenöl goldgelb dünsten, Tintenfische dazugeben, gut umrühren und fünf Minuten kochen lassen, Wein dazugießen; Tomaten und Muschelwasser beigeben, zudecken und noch 20 Min. langsam schmoren; Muscheln und Krabben dazugeben und nach einigen Minuten vom Feuer nehmen
- in einer anderen Pfanne Zwiebel in Butter goldgelb andünsten; Reis dazugeben, gut vermischen und nach und nach mit leise kochender Brühe aufgießen
- nach 20 Min. Reis in den Sugo unterrühren, einige Minuten ziehen lassen

Insalata di riso al tonno

Reissalat mit Thunfisch

300 g Reis – 1 Dose Thunfisch – 70 g grüne Oliven – 70 g Essiggurken – 1 Eßlöffel Kapern – 2 Eier – 1 Eßlöffel Olivenöl – 1 Zitrone – Senf – Salz – Pfeffer

- Reis in reichlich Salzwasser „al dente“ kochen, gut abseihen, mit Zitronensaft, Senf, Olivenöl, Salz und Pfeffer gut vermengen
- Eier sieden und kleinhacken; Essiggurken, Kapern und Oliven ebenfalls kleinschneiden und mit dem Thunfisch unter den Reis mengen

Glossar

Acciughe – Sardellen
Agnolini – kleine Ravioli
Al dente – „mit Biß", nicht zu weich gekocht
Al forno – im Rohr gebraten, überbacken
Alici – Sardellen
Arancini – mit Fleischragout gefüllte Reiskugeln
Arselle – kleine, muschelförmige Nudeln

Bavette – schmale Zungennudeln
Besciamella – Béchamelsauce
Broccoli – Kohlgemüse
Brodo – Brühe, Fleischbrühe
Bruscandoli – Hopfensprossen
Bucatini – dicke Spaghetti, Röhrchennudeln

Cannelloni – große gefüllte Teigrollen, Röhrennudeln
Cannolicchi – Messermuscheln, Scheidenmuscheln
Cannocchie – Heuschreckenkrebse
Carbonara – Nudelgericht nach Köhlerart
Canestrelli – Pektenmuscheln
Chenelle – überbackene Grießnocken
Chitarra – kammartiges Gerät zur Herstellung hausgemachter Nudeln
Ceci – Kichererbsen
Conchilie – muschelförmige Nudeln
Cozze – Miesmuscheln

Ditali, Ditalini – kleine, kurze Hohlnudeln

Eliche – kurze Schraubennudeln
Erbette – Gewürz- und Küchenkräuter

Fagioli – Bohnen
Fagiolini – frische, grüne Bohnen
Farfalle – schmetterlingsartige Nudeln
Fave – Saubohnen
Fegato, Fegatini – Leber, Hühnerleber
Fettucce, Fettuccine – Bandnudeln
Finocchio – Fenchel
Fontina – milder, halbweicher Käse
Funghi – Pilze
Fusilli – kurze, spiralenförmige Nudeln

Garganelli – mit einem kammartigen Gerät hergestellte Nudeln
Gnocchi – Knödel, Klößchen, Nocken
Gorgonzola – Edelpilzkäse
Grieben – ausgebratene Speckwürfel
Guanciale – Backenspeck vom Schwein

Heu und Stroh – grüne und gelbe Bandnudeln

Lasagne – sehr breite Bandnudeln, Teigblätter
Linguine – schmale Zungennudeln

Maccheroni – röhrenförmige Nudeln, glatt oder gerillt
Malloreddus – typisch sardische Nudeln aus Weizenmehl oder Grieß
Maltagliati – „schlecht geschnittene" Nudeln unregelmäßiger Form
Mascarpone – roher, ungeformter Doppelrahmkäse
Minestra – Suppe
Minestrone – dicke Gemüsesuppe
Mozzarella – Frischkäse aus Kuh- oder Büffelmilch

Orecchiette – kleine, ohrenförmige Nudeln
Origano – Dost

Paglia e fieno – Heu und Stroh, grüne und gelbe Bandnudeln
Pappardelle – breite Bandnudeln
Pasta – Sammelbegriff für alle Teigwaren
Pasticcio – Nudelauflauf, Nudelpastete
Pecorino – Schafkäse
Penne – kurze, dicke Hohlnudeln mit Schrägschnitt
Peperoncini – getrocknete Pfefferschote
Peperoni – Paprikaschoten
Pesto – Sauce aus Olivenöl, Knoblauch, Basilikum und Pinienkernen
Pettine – kammartiges Gerät zur Herstellung von Nudeln
Pizzoccheri – typisches Nudelgericht aus dem Veltlin
Prosciutto – Schinken
Provolone – harter, meist geräucherter Büffelkäse

Radicchio – roter Zichoriesalat
Ragù – Fleischragout
Ravioli – gefüllte Teigtaschen
Ricotta – Topfen, Quark
Rigatoni – gerillte Hohlnudeln
Risotto – gekochter Reis mit verschiedenen Zutaten

Salmone – Lachs
Salsiccia – frische Wurst
Sfoglia –hausgemachtes Teigblatt
Spaghetti – lange, dünne Fadennudeln
Strangolapreti – typische Spinatnocken aus dem Trentino

Strozzapreti – typische hausgemachte Nudeln aus der Emilia-Romagna
Sugo – Sauce

Tagliatelle – Bandnudeln
Tagliolini – schmale Bandnudeln
Tonno – Thunfisch
Torciglioni – spiralförmige Nudeln

Tortellini – kleine Teigtaschen
Tortiglioni – breite, gerillte Hohlnudeln
Trenette – lange, dünne Bandnudeln

Vermicelli – Fadennudeln, sehr feine Bandnudeln
Vongole – Venusmuscheln

Zite – lange, dicke Röhrennudeln

Stichwortverzeichnis

Alphabetisches Verzeichnis der Rezepte mit deutscher Benennung

Alphabetisches Verzeichnis der Rezepte mit italienischer Benennung